Inhalt

☆ gelingt leicht
☆☆ etwas schwieriger
☆☆☆ braucht etwas Zeit

Für folgende Backwaren wird eine Schablone benötigt:
- Bärengirlande
- Pinguine im Eismeer
- Wichtelwald
- Rentiere
- Lämmchen

Das brauchst du zum Backen

Temperatureinstellungen

Die Angaben bei den Rezepten beziehen sich immer auf den E-Herd. Habt ihr einen Umluft- oder Gasherd, musst du umrechnen.

E-Herd	Umluft	Gas Stufe
160 °C	140 °C	2
180 °C	160 °C	3
200 °C	180 °C	4

Messbecher

Bei den meisten Messbechern ist die Maßangabe für Flüssigkeiten in Millilitern angegeben. Hier eine kleine Umrechenhilfe:

125 ml = 1/8 l
250 ml = 1/4 l
500 ml = 1/2 l

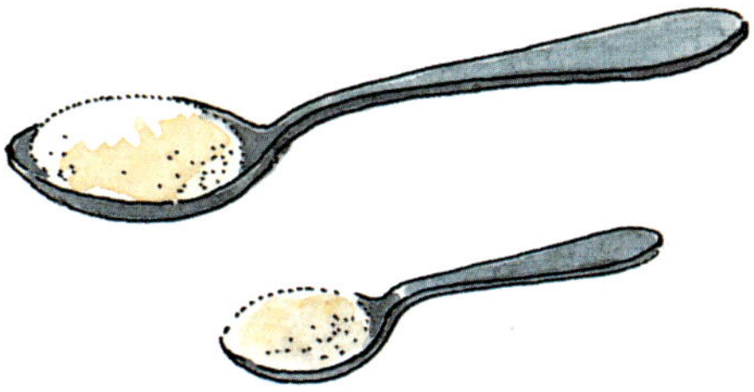

Abkürzungen

ø = Durchmesser
EL = Esslöffel (gestrichen)
TL = Teelöffel (gestrichen)
Msp = Messerspitze
l = Liter
kg = Kilogramm
g = Gramm (1000 g = 1 kg)
ca. = circa (etwa)
°C = Grad Celsius
cm = Zentimeter

Tipps und Tricks aus der Backstube

Lies das Rezept ganz genau durch, damit dir später keine Zutaten fehlen.

Backöfen müssen vorgeheizt werden, damit sie die richtige Temperatur haben. Das kannst du gleich zu Anfang machen. Bei manchen Rezepten muss der Teig jedoch vor dem Backen noch ruhen oder kalt gestellt werden. Dann steht im Rezept, wann du vorheizen sollst.

Backen macht Spaß! Und es ist gar nicht schwer. Überrasche doch mal deine Eltern oder Freunde mit den Rezepten aus diesem Buch!

Auch die benötigten Küchengeräte und Hilfsmittel kannst du schon vorher bereitstellen. Das erspart dir späteres Suchen.

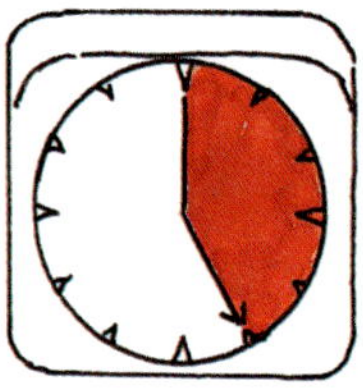

Stell dir einen Küchenwecker, wenn du den Kuchen in den Ofen schiebst, damit dein Kuchen nicht anbrennt.

Tipp:
Vor dem Backen Hände waschen, danach die Küche wieder aufräumen.
Dann ist auch Mutti glücklich.

Verwende Topflappen oder Topfhandschuhe, wenn du die heißen Kuchenformen oder Bleche aus dem Backofen nimmst!

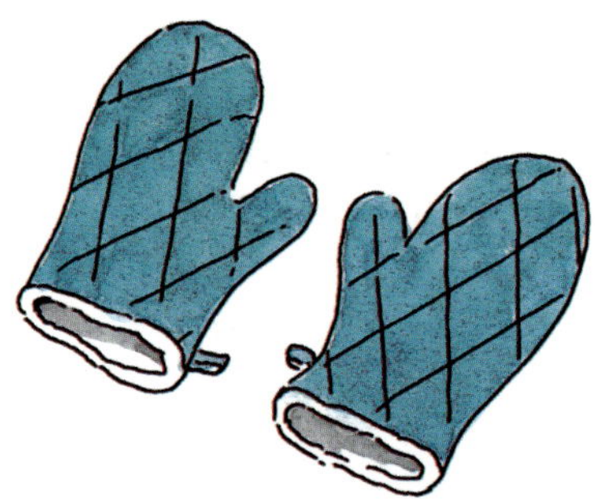

Achtung:
Handrührgeräte immer mit trockenen Händen anfassen!

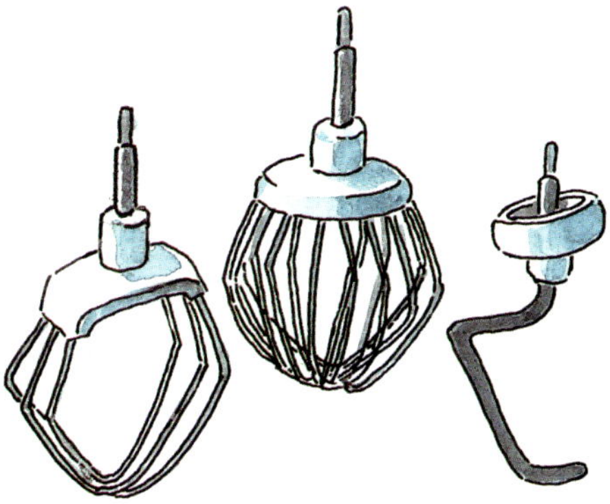

Mit einem elektrischen Handrührgerät lassen sich die Teigzutaten rascher und müheloser verarbeiten als mit der Hand. Jedes Handrührgerät hat ein Paar Rührbesen und ein Paar Knethaken. Zum Verrühren und Schlagen die Rührbesen benutzen.

Die Knethaken verwendet man bei festeren Teigen, wie zum Beispiel dem Hefeteig. Beim Rühren oder Kneten immer mit der kleinsten Schaltstufe beginnen und erst später auf die höheren Geschwindigkeitsstufen umschalten.

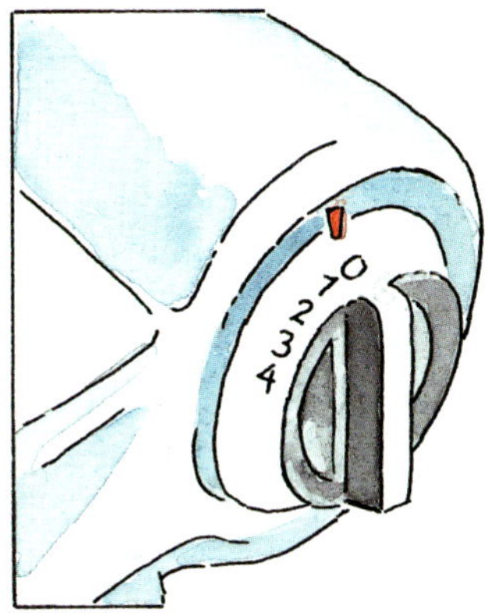

Achtung:
Grundsätzlich sollte dir beim Einschalten des Backofens oder beim Hantieren mit elektrischen Geräten ein Erwachsener behilflich sein.

Der Teig, außer Mürbeteig, lässt sich besser verarbeiten, wenn alle Zutaten Zimmertemperatur haben. Deshalb Butter oder Margarine, Eier und Milch rechtzeitig aus dem Kühlschrank nehmen.

Gut gekühlter Mürbeteig lässt sich am besten zwischen einem aufgeschnittenen Gefrierbeutel oder zwischen Klarsichtfolie dünn ausrollen.

Wenn du Eigelb und Eiweiß getrennt brauchst, stell dir zwei Tassen bereit. Schlag das Ei an der Tassenkante in der Mitte auseinander.

Nun lässt du das Eigelb von einer in die andere Eischale rutschen. Das Eiweiß, das dabei herausläuft, fängst du in einer Tasse auf. Das Eigelb gibst du in die andere Tasse.

Tipp:
Eier können schlecht werden. Schlage deshalb jedes Ei einzeln über einer Tasse auf und gib es erst dann in den Teig, damit wegen einem schlechten Ei nicht der ganze Teig verdirbt.

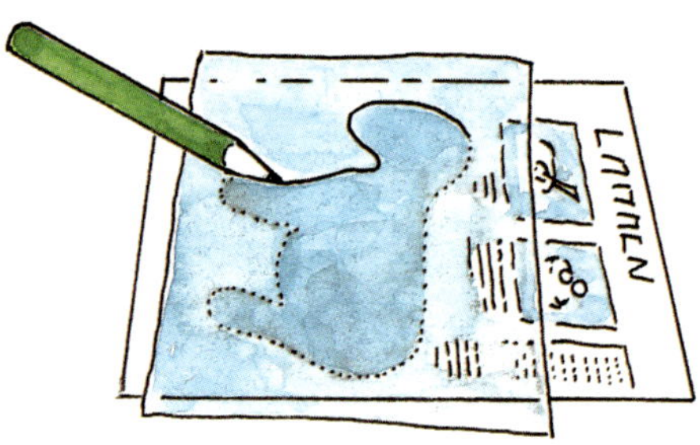

Wenn eine Schablone zum Ausschneiden benötigt wird, sollte sie vor dem Backen angefertigt werden.

Du brauchst:
- ✘ Transparent- oder Butterbrotpapier
- ✘ weicher Bleistift
- ✘ Schere
- ✘ fester Karton

Paus die Vorlage auf Transparentpapier ab, übertrage sie auf ein Stück feste Pappe und schneide sie aus.

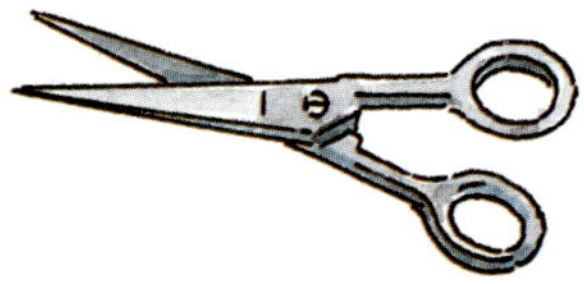

Damit nichts anklebt, die Form gut ausfetten (zum Beispiel mit einem Backpinsel). Bleche mit Backpapier auslegen. Das Papier kannst du 4- bis 5-mal benutzen.

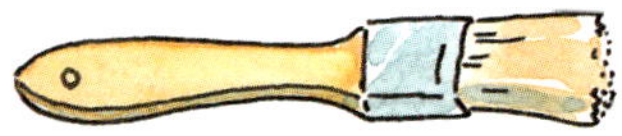

Tipp:
Während der ersten Hälfte der Backzeit die Backofentür nicht öffnen, da sonst der Kuchen zusammenfällt.

Flaches Gebäck, zum Beispiel Kekse, auf der mittleren Backofenschiene, hohe und halbhohe Kuchen auf der unteren Schiene backen.

Tipp:
Den Kuchen mit einem Stück Pergamentpapier oder Alufolie abdecken, damit er nicht dunkel wird.

Kuchen nach dem Backen 10 Minuten in der Form ruhen lassen. Mit einem Messer den Rand lösen und dann aus der Form stürzen.
Kekse und Kuchen auf einem Rost auskühlen lassen.

Nicht alle Backöfen heizen gleich. Deshalb vor dem Backzeitende unbedingt eine Garprobe machen. Dazu einen Holzspieß in den Kuchen stecken und herausziehen. Bleibt noch Teig daran hängen, den Kuchen weitere 10 Minuten backen.

Zuckerguss:
Zuerst siebst du 250 g Puderzucker in eine große Schüssel. Dann rührst du ein Eiweiß hinein. Ist die Masse noch zu dick, kannst du 1–2 EL Zitronensaft oder Wasser zufügen.

So wird er bunt: Du verteilst den Guss in kleine Schalen und färbst ihn mit Lebensmittelfarben ein. Wenn du mit dem Zuckerguss schreiben oder malen möchtest, schneide von einer Plastiktüte eine kleine Spitze ab, sodass ein kleines Loch entsteht, aus dem der Guss herausfließen kann.

Tipp:
Rühr die Farben nur tropfenweise unter, weil der Guss schnell zu flüssig wird.

Willst du Kuvertüre (so nennt man Schokoladenguss zum Backen) im Wasserbad schmelzen, musst du sie zuvor zerkleinern und dann in eine kochfeste Schüssel geben. Diese in einen Topf, der halb mit heißem Wasser gefüllt ist, stellen und auf dem Herd bei kleiner bis mittlerer Hitze erwärmen. Zwischendurch immer wieder umrühren.

Und los geht's!

Dreikönigskuchen

Zutaten für den Rührteig:

- 125 g Butter
- 100 g Zucker
- 2 Eier
- 3 EL Milch
- 200 g Mehl
- 50 g Speisestärke
- 1/2 Päckchen Backpulver
- 20 g Kakao
- 20 g Zucker
- 2 blitzblanke Pfennigstücke
- Fett für die Form
- Semmelbrösel

Zum Bestreuen:

- Puderzucker

(für eine kleine Gugelhupfform ø 16 Zentimeter)

Den Backofen auf 175 °C vorheizen.

1. Die Butter mit dem Zucker schaumig rühren, nacheinander die Eier, dann die Milch unterrühren.

2. Das Mehl mit der Speisestärke und dem Backpulver mischen und löffelweise unter den Teig rühren. Die Pfennige dazugeben.

Tipp:
Du kannst den Teig mit der Hand herstellen wie auf der Zeichnung oder ein Rührgerät dafür benutzen.

3. Die Form mit dem Fett ausstreichen und mit Semmelbrösel ausstreuen. Die Hälfte des Teigs in die Form füllen.

4. Den restlichen Teig mit dem Kakaopulver und dem Zucker verrühren.

Wer einen Pfennig findet, ist König oder Königin. Dreikönigstag ist am 6. Januar.

5. Den dunklen Teig auf den hellen Teig füllen. Mit einer Gabel die beiden Teigarten spiralförmig durcheinander ziehen.

6. Den Kuchen auf der zweiten Schiene von unten 45 – 50 Minuten backen.

7. Abkühlen lassen und mit Puderzucker bestäuben.

Freundschaftsherzen

1. Alle Zutaten bis auf Eier, Butter und Marmelade in eine große Schüssel geben und mischen.

2. In die Mitte eine Mulde drücken und die Eier hineinschlagen. Die Butter in kleine Stückchen schneiden und verteilen. Alles mit den Händen oder einem Rührgerät zu einem glatten Teig verkneten.

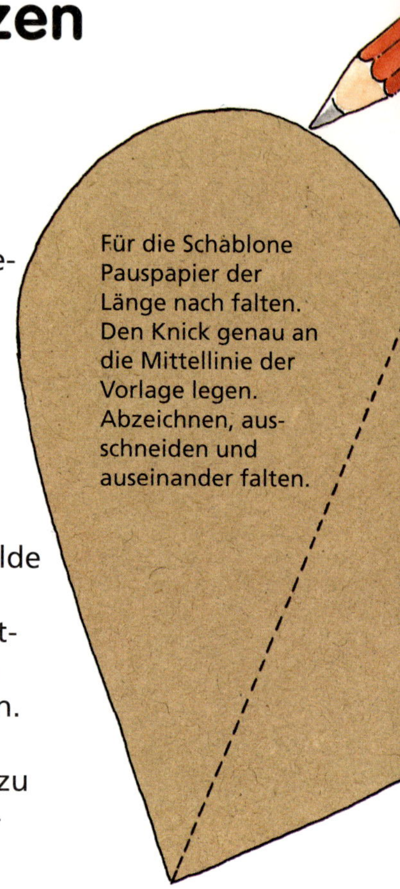

3. In Klarsichtfolie wickeln und 2 Stunden in den Kühlschrank legen.

4. Den Backofen auf 170 °C vorheizen.

5. Den Teig 1/2 cm dick ausrollen und 10 cm große Herzen ausstechen.

Zutaten für den Mürbeteig:

- ✘ 200 g gemahlene Mandeln
- ✘ 350 g Mehl
- ✘ 30 g Speisestärke
- ✘ 140 g Puderzucker
- ✘ 3 EL Zucker
- ✘ 1/2 TL geriebene Zitronenschale
- ✘ 1/2 TL Zimt
- ✘ 1/2 TL Salz
- ✘ 2 Eier
- ✘ 250 g Butter

- ✘ Marmelade

6. Aus der Hälfte der Herzen Buchstaben, Muster oder kleine Herzen ausstechen.

7. Auf einem mit Backpapier ausgelegten Backblech auf der mittleren Schiene 12 – 15 Minuten backen.

Achtung:
2 Stunden Wartezeit!

8. Die Herzen auf einem Kuchengitter abkühlen lassen.

9. Die ganzen Herzen mit Marmelade bestreichen und ein Herz mit Muster darauf legen.

Puppenkuchen

Zutaten für den Rührteig:

- ✘ 125 g Butter oder Margarine
- ✘ 150 g Zucker
- ✘ 1 Päckchen Vanillezucker
- ✘ 2 Eier
- ✘ 150 g Mehl
- ✘ 2 gestrichene TL Backpulver
- ✘ 7 EL Milch
- ✘ 100 g gemahlene Haselnusskerne
- ✘ 50 g Schokoladen-streusel
- ✘ 25 Papierback-förmchen ø 5 cm

Zum Verzieren:

- ✘ 150 g Puderzucker
- ✘ 2 EL Zitronensaft
- ✘ bunte Zuckerstreusel
- ✘ bunte Süßigkeiten
- ✘ Schokoladenstreusel

Den Backofen auf 175 °C vorheizen.

1. Die Butter oder Margarine schaumig rühren und nach und nach Zucker, Vanillezucker und Eier hinzugeben.

2. Mehl und Backpulver mischen und unterrühren.

3. Die Haselnüsse und die Milch dazugeben und unterrühren.

4. Zuletzt die Schokolade unterrühren.

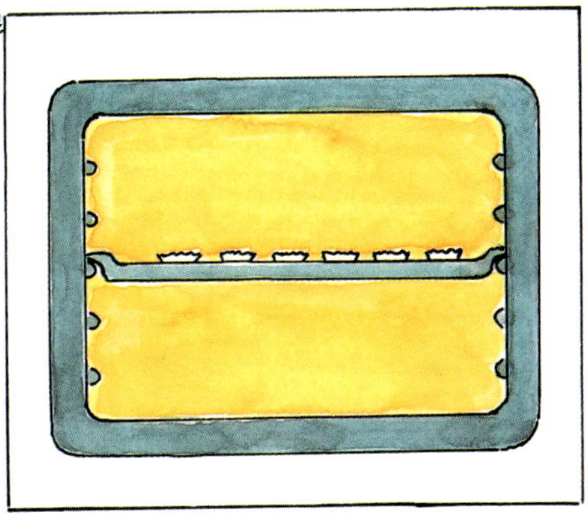

5. Die Backförmchen auf ein Backblech stellen und den Teig gleichmäßig darin verteilen.

6. Auf der mittleren Schiene 20 Minuten backen und auf einem Kuchengitter abkühlen lassen.

7. Puderzucker und Zitronensaft verrühren. Die Kuchen damit bestreichen und mit Streuseln und Süßigkeiten verzieren.

Tipp:
Puppenkuchen sind auch für Partys toll!

Polas Sonntagskuchen

Zutaten für den Mürbeteig:

- ✘ 250 g Mehl
- ✘ 125 g kalte Butter
- ✘ 125 g Zucker
- ✘ 3 Päckchen Vanillezucker
- ✘ 3 EL Zitrone
- ✘ 1 Eigelb

Für den Belag:

- ✘ 3 Eier
- ✘ 75 g Zucker
- ✘ 1 Päckchen Vanillepuddingpulver
- ✘ 1 EL Speisestärke
- ✘ 500 g Magerquark
- ✘ 6 Pfirsichhälften aus der Dose

Für den Guss:

- ✘ 3 EL Aprikosenmarmelade
- ✘ 50 g Mandelblättchen

1. Das Mehl in eine Schüssel sieben. Den Zucker darauf verteilen, eine Vertiefung in die Mitte drücken und Vanillezucker, Zitronensaft und das Eigelb hineingeben. Die Butter in Flöckchen am Rand verteilen. Alle Zutaten zu einem Teig kneten.

2. In Folie wickeln und 1 Stunde in den Kühlschrank legen.

3. Den Backofen auf 175 °C vorheizen.

4. Den Teig ausrollen, in eine gefettete Springform (ø 26 cm) geben und den Rand ca. 3 cm hochdrücken.

5. Für den Belag Eier, Zucker, Vanillepuddingpulver und Speisestärke verrühren.

6. Den Speisequark unterrühren.

Achtung:
1 Stunde Wartezeit!

7. Die Creme auf den Kuchenboden geben.

8. Die Pfirsichhälften in Spalten schneiden und auf der Creme verteilen.

9. Auf der zweiten Schiene von unten 55 – 65 Minuten backen.

10. Die Aprikosenmarmelade bei schwacher Hitze langsam erwärmen und auf der Kuchenoberfläche verteilen.

11. Den Kuchenrand mit Mandeln bestreuen.

Waldtiere

1. Den Speisequark mit dem Öl, Zucker, Vanillezucker und Salz gut verrühren.

2. Mehl und Backpulver mischen und dazugeben. Alles gut durchkneten.

3. Aus dem Teig eine Rolle formen und in 15 gleiche Teile schneiden. Aus den Teigteilen die Waldtiere formen: Igel, Hase, Käfer, Schnecke, Schlange, Vogel.

4. Die fertigen Tiere auf ein mit Backpapier ausgelegtes Backblech legen und auf der mittleren Schiene 15 Minuten backen.

Zutaten für den Quark-Öl-Teig:

- 150 g Speisequark (Flüssigkeit weggießen)
- 1 Päckchen Vanillezucker
- 8 EL Öl
- 50 g Zucker
- 1 Prise Salz
- 200 g Mehl
- 1 Päckchen Backpulver

Zum Verzieren:

für Füße, Augen, Ohren, Schuppen

- Mandelstifte
- Haselnüsse, Walnüsse
- Rosinen
- Sonnenblumenkerne

Den Backofen auf 200 °C vorheizen

Osternestchen

Grundrezept Quark-Öl-Teig vorbereiten (siehe S. 20)

Zum Bestreichen:

- ✘ 1 Eigelb
- ✘ 1 EL Milch

Den Backofen auf 200 °C vorheizen.

1. Aus dem Teig fingerdicke, ca. 20 cm lange Rollen formen. Je 2 Rollen umeinander schlingen und zu einem Kranz schließen.

2. Auf ein gefettetes Backblech legen.

3. Das Eigelb mit der Milch verrühren und die Nestchen damit bestreichen.

4. Auf der zweiten Schiene von unten ca. 15 Minuten backen.

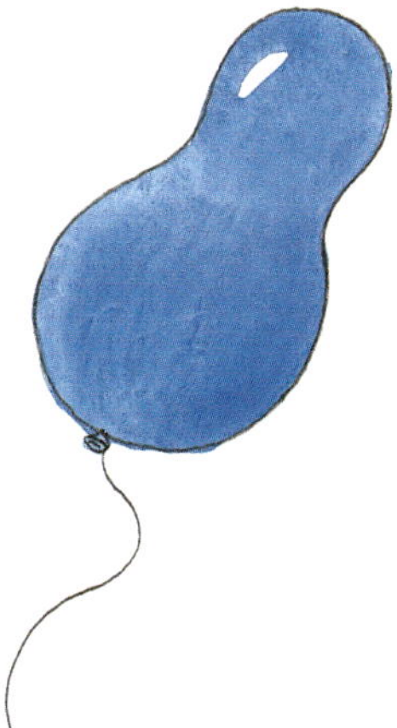

Tipp:
Für den Ostertisch legst du in jedes Nestchen ein gekochtes und eingefärbtes Ei.

Osterplätzchen

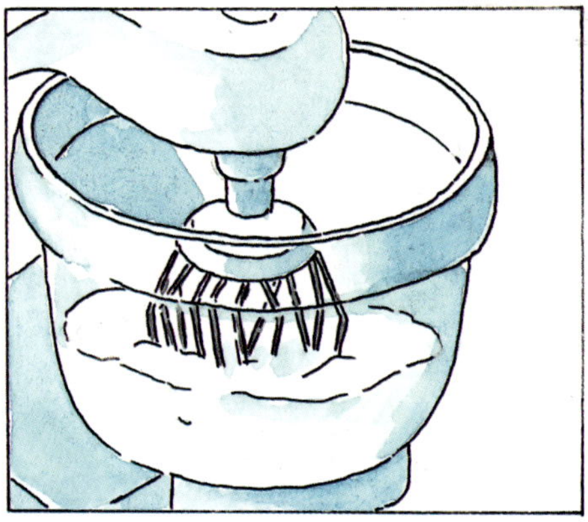

1. Teigzutaten zu einem Mürbeteig verkneten und 2 Stunden im Kühlschrank ruhen lassen.

2. Den Backofen auf 185 °C vorheizen.

3. Teig zwischen Folie ca. 1/2 cm dick ausrollen und mit Plätzchenausstechern ausstechen. Anschließend auf ein mit Backpapier ausgelegtes Backblech legen.

4. Auf der zweiten Schiene von unten 13 – 15 Minuten backen. Herausnehmen und auskühlen lassen.

5. Puderzucker und Eiweiß verrühren und mit den Lebensmittelfarben einfärben.

Zutaten für den Mürbeteig:

- 225 g Weizenmehl
- 50 g Zucker
- 1 Päckchen Vanillezucker
- 75 g Marzipanrohmasse (fein gewürfelt)
- 1 Prise Salz
- 1 Ei
- 125 g kalte Butter

Für die Verzierung:

- 250 g Puderzucker
- 1 Eiweiß
- Lebensmittelfarben
- Streusel und Zuckerperlen
- weiße und braune Kuvertüre

Tipp:
Aus Teigresten kannst du kleine Überraschungseier, die mit Schokolade oder Streuseln gefüllt sind, formen, backen und bunt verzieren.

6. Kuvertüre im Wasserbad schmelzen (siehe S. 10).

7. Kekse mit Kuvertüre, buntem Zuckerguss (siehe S. 10) und Streuseln verzieren, fest werden lassen.

Wenn du eine kleine Osterwiese verschenken möchtest, füllst du eine Cellophantüte mit Ostergras und setzt Hasen, Hahn und Enten hinein. Mit einer hübschen Schleife zugebunden, ist es eine tolle Osterüberraschung.

Achtung:
2 Stunden Wartezeit!

Henne Berta und ihre Küken

1. Die Milch und die Butter in einen Kochtopf geben und erwärmen, bis die Butter geschmolzen ist.

2. Trockenhefe, Mehl, Zucker und Salz in einer Schüssel mischen und eine Mulde in die Mitte drücken.

3. Die Eier und die Milch mit der Butter hineingeben und mit dem Knethaken des Handrührgeräts zu einem glatten Teig verkneten.

4. Teig zugedeckt an einem warmen Ort ca. 20 Minuten aufgehen lassen.

5. Auf einer bemehlten Arbeitsfläche den Teig noch einmal gut durchkneten und halbieren. Den Backofen auf 200 °C vorheizen.

Zutaten für den Hefeteig:

- 200 ml Milch
- 100 g Butter
- 2 Päckchen Trockenhefe
- 300 g Weizenmehl
- 300 g Vollkornmehl
- 100 g Zucker
- 2 TL Salz
- 2 Eier
- Kondensmilch

Zum Verzieren:

- halbierte Mandeln
- Rosinen

Tipp:
Das ist ein tolles Rezept für einen festlichen Ostertisch!

6. Aus der einen Teighälfte Henne Berta, aus der anderen die 6 Küken formen. 2 Kugeln aufeinander setzen. Kamm, Flügel und Schwanzfedern herauszupfen. Für den Schnabel 2 Mandeln und für die Augen 2 Rosinen einsetzen.

7. Berta und die Küken auf ein mit Backpapier ausgelegtes Backblech setzen und mit Kondensmilch bestreichen.

8. Auf der mittleren Schiene 20 Minuten backen. Die Küken vom Blech nehmen und Henne Berta weitere 20 Minuten backen.

Lebkuchen-Grundteig

1. Den Honig in einem Topf langsam erwärmen.

2. Mehl, Zimt und Natron in eine große Schüssel geben und vermischen.

3. Die Butter und den Zucker dazugeben und unterrühren.

4. Honig und Ei zur Mehlmischung geben und so lange kneten, bis ein glatter Teig entsteht. (Wenn der Teig zu klebrig ist, noch etwas Mehl hinzufügen.)

Zutaten für den Lebkuchenteig:

- ✘ 3 EL Honig
- ✘ 350 g Weizenmehl
- ✘ 1 TL Zimt
- ✘ 1/2 TL Natron
- ✘ 100 g Butter
- ✘ 175 g brauner Zucker
- ✘ 1 Ei

Tipp:
Aus Lebkuchenteig kannst du tolle Sachen machen, zum Beispiel Kuchenlutscher (S. 26) und die Bärengirlande (S. 27).

Kuchenlutscher

Lebkuchenteig vorbereiten (siehe S. 26)

- Glas zum Ausstechen (ca. 7 cm ø)
- Holzstäbchen (Eisstäbchen)

Zum Verzieren:

- weiße und braune Kuvertüre
- 250 g Puderzucker
- 1 Eiweiß
- Süßigkeiten zum Dekorieren

Den Backofen auf 180 °C vorheizen.

1. Den Teig 1/2 cm dick ausrollen und mit dem Glas Kreise ausstechen.

2. Je ein Eisstäbchen in den unteren Rand der Kreise schieben und diese auf ein mit Backpapier ausgelegtes Backblech legen.

3. Auf der mittleren Schiene 8 – 10 Minuten backen.

4. Die Lutscher nach dem Abkühlen mit Zuckerguss (siehe S. 9), Süßigkeiten und Kuvertüre verzieren.

Bärengirlande

Lebkuchenteig vorbereiten (siehe S. 26)

Zum Verzieren:

- 250 g Puderzucker
- 1 Eiweiß
- Lebensmittelfarben
- bunte Zuckerperlen

Zum Aufziehen:

- dünnes Geschenkband

Den Backofen auf 180 °C vorheizen.

Tipp:
Die Bärengirlande ist eine tolle Zimmerdekoration.

1. Kleine Portionen Teig auf wenig Mehl ausrollen und mit einer Teddyform oder Schablone ausstechen.

2. Auf ein mit Backpapier ausgelegtes Backblech legen und die Bären in Brusthöhe zweimal einschlitzen.

3. Auf der mittleren Schiene 8 – 10 Minuten backen. Auf einem Kuchengitter abkühlen lassen.

4. Puderzucker mit Eiweiß verrühren und teilweise mit Lebensmittelfarben einfärben (siehe S. 10). Die Bären bemalen und mit Perlen verzieren.

5. Das Band mithilfe eines Messers vorsichtig durch die Schlitze eines Teddybären führen, sodass es quer über seiner Brust verläuft. Mit etwas Abstand zwischen den einzelnen Teddybären alle Bären auffädeln.

Mäusekuchen

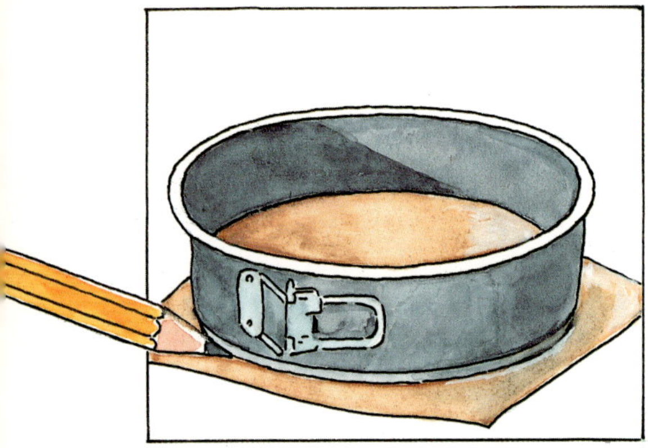

1. Eine Springform (ø 26 cm) einfetten und den Boden mit Backpapier auslegen.

2. Mehl, Backpulver, Kakao und Zucker gut mischen und in die Mitte eine Vertiefung drücken.

Zutaten für den Rührteig:

- 225 g Mehl
- 4 TL Backpulver
- 3 EL Kakaopulver
- 300 g brauner Zucke
- 2 Eier
- 1/2 Fläschchen Vanillearoma
- 120 g zerlassene Butter
- 250 ml Milch
- 250 g kleine Marshmallows

Den Backofen auf 180 °C vorheizen.

3. Die Eier mit der Milch, Butter und dem Vanillearoma mischen, dazugeben und zu einem glatten Teig rühren.

4. Die Marshmallows dazugeben und unterziehen.

5. Den Teig in die Springform geben, glatt streichen und auf der mittleren Schiene ca. 45 Minuten backen.

6. In der Form 30 Minuten abkühlen lassen. Anschließend auf ein Kuchengitter stürzen. Wenn der Kuchen kalt ist, mit den Mäusen verzieren.

Weiße Mäuse

Zutaten:

- 200 g Marzipanrohmasse
- Mandelblättchen
- Rosinen
- 2 EL Puderzucker
- Schokostreusel

1. Das Marzipan klein schneiden und gut verkneten.
2. Ein Drittel des Marzipans beiseite legen.

3. Aus dem Rest Mäuse formen. Die Mandelblättchen als Ohren und die Rosinen als Augen einsetzen.

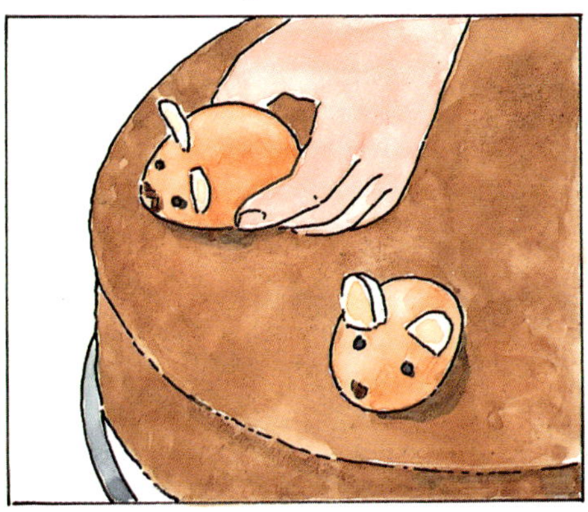

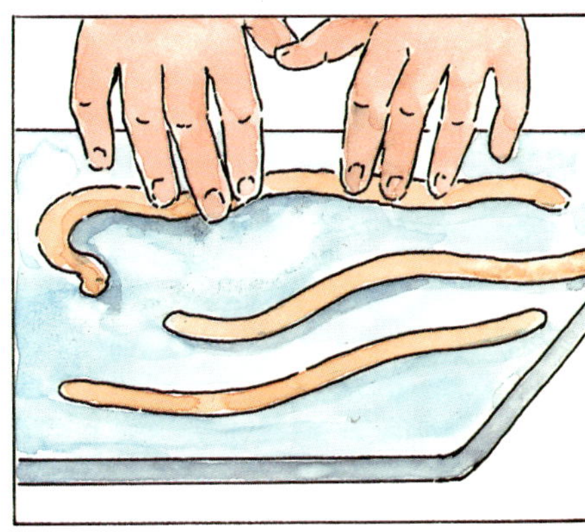

4. Die Mäuse auf dem Kuchen verteilen.

5. Aus dem zurückgelegten Marzipan Schwänze rollen und zu den Mäusen auf den Kuchen legen.

6. Puderzucker in ein Sieb geben und die Mäuse leicht bestäuben. Kleine Häufchen Schokostreusel auf dem Kuchen verteilen.

Küsschen, Küsschen

1. Die Schokoküsse von der Waffel trennen, Waffeln zur Seite legen. Die Schokokussmasse in einer Schüssel zerdrücken.

2. Quark und Zitronensaft dazugeben und gut verrühren.

3. Sahne steif schlagen und unter die Masse ziehen.

4. Die Masse auf dem Tortenboden verteilen, mit den Waffeln belegen und mit bunten Fruchtgummis dekorieren.

Zutaten:

- 10 Schokoküsse
- 250 g Quark
- 3 EL Zitronensaft
- 250 ml Sahne
- 1 fertiger Tortenboden

Zum Verzieren:

- bunte Fruchtgummi

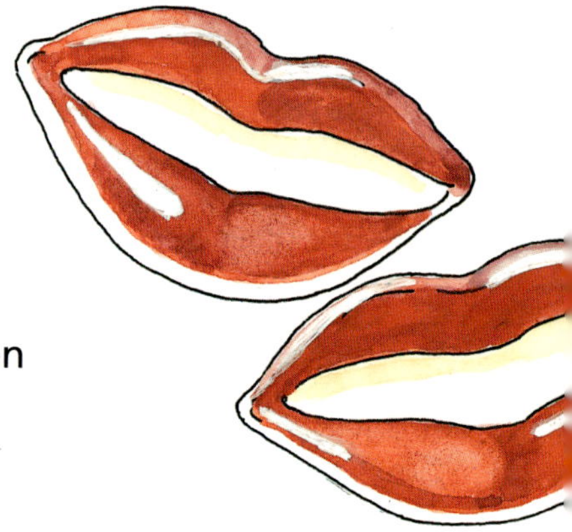

Glafoutis

Zutaten für den Rührteig:

- ✘ 5 gehäufte EL Mehl
- ✘ 4 gehäufte EL Zucker
- ✘ 1 TL Backpulver
- ✘ 1 kl. Becher Joghurt Natur
- ✘ 4 Eier
- ✘ Butter für die Form

Obst:

- ✘ 2 geschälte und geviertelte Äpfel

Den Backofen auf 180 °C vorheizen.

1. Alle Zutaten zu einem Teig verrühren.

2. Den Boden einer Kuchen- oder Auflaufform (ø ca. 20 cm) gut einfetten und mit dem Obst belegen.

3. Den Teig darüber gießen.

4. Auf der zweiten Schiene von unten 1 Stunde backen.

Dieses Obstkuchenrezept aus Frankreich ist sehr praktisch, da nichts abgewogen werden muss.

Schneewittchenkuchen

1. Eier, Zucker, Butter und Vanillearoma verrühren.

2. Mehl, Zimt, Salz und Backpulver vermischen, dazugeben und zu einem glatten Teig verrühren.

3. Äpfel schälen, Kerngehäuse entfernen und grob raspeln. Äpfel und Walnüsse unter den Teig rühren.

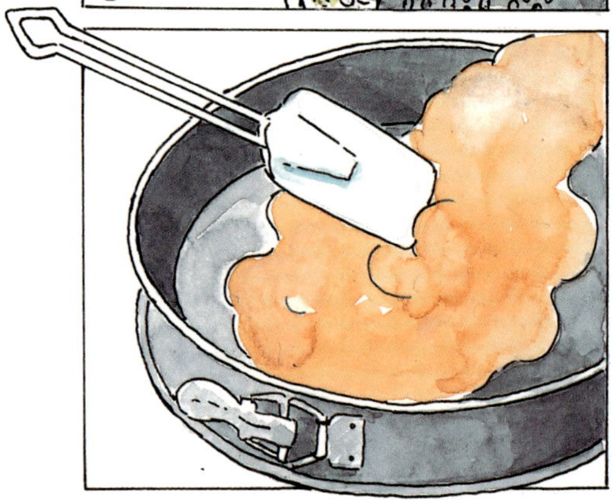

4. Eine Springform (ø 28 cm) sorgfältig einfetten und den Teig einfüllen.

5. Auf der mittleren Schiene 65 Minuten backen, abkühlen lassen und mit Puderzucker bestäuben.

Zutaten für den Rührteig:

- ✘ 2 Eier
- ✘ 150 g Zucker
- ✘ 125 g Butter, zerlassen und abgekühlt
- ✘ 10 Tropfen Vanillearoma
- ✘ 150 g Mehl
- ✘ 2 TL Zimt
- ✘ 1 Prise Salz
- ✘ 1 TL Backpulver
- ✘ 350 g Äpfel
- ✘ 50 g gehackte Walnüsse
- ✘ Margarine zum Einfetten

- ✘ Puderzucker zum Bestäuben

Zum Verzieren:

- ✘ 100 g Marzipanrohmasse
- ✘ rote und grüne Lebensmittelfarbe
- ✘ 100 g Puderzucker
- ✘ 1 EL Zitronensaft

Den Backofen auf 175 °C vorheizen.

6. Die Marzipanrohmasse mit der Lebensmittelfarbe rot einfärben. Ausrollen und Äpfel ausstechen.

7. Puderzucker mit dem Zitronensaft verrühren und mit der grünen Lebensmittelfarbe einfärben.

8. Den grünen Zuckerguss mit einem Teelöffel blattförmig auf dem Kuchen verteilen und die Äpfel darauf legen.

Kalter Hund

1. Das Kokosfett bei schwacher Hitze schmelzen.

Zutaten:

- 250 g Kokosfett
- 2 Eier
- 6 EL Zucker
- 1 EL Vanillezucker
- 6 EL Kakaopulver
- 4 EL Milch
- 1 TL Zimt
- 300 g Butterkekse

- 1 Kastenform von 26 cm Länge
- Back- oder Butterbrotpapier für die Form

2. Eier, Zucker, Vanillezucker, Kakao, Zimt und die Milch verrühren.

Achtung:
5 Stunden Wartezeit!

3. Das lauwarme Kokosfett untermischen.

4. Die Kastenform mit Backpapier auslegen.

Tipp:
Schneide das Backpapier für die schmalen Seiten lang zu, dann kannst du es später über dem Kuchen zusammenlegen (siehe S. 37).

5. Den Boden mit Schokocreme bedecken, eine Lage Butterkekse darauf legen, mit Schokocreme bestreichen.

6. Es folgt wieder eine Schicht Kekse und so weiter, bis alle Zutaten verbraucht sind. Die letzte Schicht sollte Schokolade sein.

7. Die Masse mit einem Holzbrett beschweren und ca. 5 Stunden in den Kühlschrank stellen.

8. Den kalten Hund aus der Form stürzen und das Papier abziehen.

Erdnusskonfekt

1. Die Schokolade zerstückeln.

2. Wasser in einem großen Topf erhitzen. Schokolade in eine feuerfeste Schale geben und in den großen Topf stellen.

3. Unter Rühren die Schokolade bei kleiner Hitze schmelzen. Kein Wasser in die Schokolade kommen lassen. Sie wird sonst nicht fest!

4. Die Erdnüsse unter die Schokolade rühren.

5. Teller mit Backpapier auslegen.

6. Mit 2 Teelöffeln kleine Häufchen auf das Backpapier setzen.

7. Im Kühlschrank fest werden lassen.

Zutaten:

- 200 g weiße Schokolade
- 200 g ungesalzene Erdnüsse

Tipp:
Besonders hübsch sieht das Konfekt in kleinen Papierbackförmchen aus.

Kokosbrot

Zutaten für den Rührteig:

- 250 g Grieß
- 250 g brauner Zucker
- 250 ml Milch
- 2 Eier
- 250 g Kokosraspeln
- 1 Päckchen Backpulver
- Margarine für die Kuchenform
- Puderzucker

Den Backofen auf 180 °C vorheizen.

1. Grieß, Zucker, Milch und Eier verrühren und 1/2 Stunde quellen lassen.

2. Die Kokosraspeln mit dem Backpulver vermischen und unter die Masse rühren. Der Teig ist eher flüssig als fest.

3. Eine Kastenform gut einfetten und den Teig hineingießen.

4. Auf der zweiten Schiene von unten 45–50 Minuten backen.

5. In der Form kalt werden lassen, herausnehmen und mit Puderzucker bestreuen.

Tutti Frutti

1. Die Butter oder Margarine und den Zucker cremig rühren.

2. Die Eier nacheinander dazugeben. So lange rühren, bis eine schaumige Masse entstanden ist.

3. Das Mehl mit dem Backpulver mischen und portionsweise unter den Teig rühren.

4. Eine Obstkuchen- oder Springform gut einfetten, den Teig hineinfüllen und die Oberfläche glatt streichen.

5. Auf der mittleren Schiene 20 Minuten backen.

6. Den fertigen Kuchenboden 10 Minuten in der Form abkühlen lassen. Anschließend auf ein Kuchengitter legen und ganz kalt werden lassen.

Zutaten für den Rührteig:

- ✘ 75 g Butter oder Margarine
- ✘ 75 g Zucker
- ✘ 2 Eier
- ✘ 150 g Mehl
- ✘ 1 TL Backpulver

Für die Füllung:

- ✘ Vanillepuddingpulve
- ✘ 500 ml Milch
- ✘ 4 EL Zucker

Zum Belegen:

- ✘ 1 Kiwi
- ✘ 1 Banane
- ✘ 1 kleines Glas Kirschen
- ✘ 1 kleine Dose Pfirsiche
- ✘ 1 Päckchen klarer Tortenguss

Den Backofen auf 200 °C vorheizen.

Tipp:
Wenn Früchte übrig bleiben, mach doch einen Obstsalat daraus.

7. Kirschen und Pfirsiche abtropfen lassen. Den Pfirsichsaft für den Guss aufheben. Pfirsiche in Scheiben schneiden.

8. Kiwi und Banane schälen, anschließend in Scheiben schneiden.

9. Den Pudding nach Anleitung kochen und ca. die Hälfte auf den kalten Kuchenboden geben und glatt streichen.

10. Den Kuchen dicht mit dem Obst belegen.

11. Den Tortenguss nach Anweisung mit dem Pfirsichwasser anrühren, aufkochen lassen und über den Früchten verteilen, um ihnen Halt zu geben.

Tipp:
Im Sommer kannst du den Kuchen auch mit frischen Erdbeeren belegen.

Pyjamaäpfel

Zutaten für den Teig:

- 250 g Mehl
- 3 TL Backpulver
- 25 g Zucker
- 1 Ei
- 1 l Milch

- 750 g säuerliche Äpfel
- Backfett zum Braten
- Zucker und Zimt zum Bestreuen

1. Mehl und Backpulver mischen. Nach und nach die weiteren Zutaten unterrühren.

2. Äpfel schälen, Kerngehäuse ausstechen und die Äpfel in Scheiben schneiden.

3. Apfelscheiben vorsichtig in den Teig geben und darin wenden.

4. Backfett in einer Pfanne erhitzen. Mit einem großen Löffel die einzelnen Apfelscheiben mit Teig in die Pfanne geben und von beiden Seiten backen.

5. Die fertigen Pyjamaäpfel mit Zucker und Zimt bestreuen.

Tipp:
Noch warm schmecken die Pyjamaäpfel am besten.

Frühstückswaffeln

Zutaten für den Waffelteig:

- 4 Eier
- 120 g Butter
- 100 g Puderzucker
- abgeriebene Schale von einer Zitrone
- 1 Prise Salz
- 150 g Mehl
- 250 ml Schlagsahne

1. Die Eier trennen (siehe S. 8).

2. Butter, Zucker und Eigelb schaumig rühren.

3. Mit der Zitronenschale und dem Salz würzen.

4. Mehl und Sahne abwechselnd einrühren.

5. Das Eiweiß steif schlagen und unter die Masse heben.

Tipp:
Abgeriebene Zitronenschale gibt es auch fertig zu kaufen.

6. Portionsweise in einem gut gefetteten und vorgeheizten Waffeleisen backen.

Tipp:
Toll schmeckt zu den Waffeln Puderzucker, Marmelade oder steif geschlagene Sahne.

Katzenbrötchen

1. Alle Teigzutaten in eine Schüssel geben. Zuerst mit dem Knethaken des Rührgerätes und dann mit den Händen zu einem glatten Teig verkneten.

2. Zugedeckt an einem warmen Ort 20 Minuten gehen lassen.

3. Den Teig noch einmal kurz durchkneten. Dann den Teig in 6 Portionen teilen.

4. Ein Backblech mit Backpapier auslegen und die 6 Teigkugeln darauf verteilen.

Zutaten für den Hefeteig:

- ✘ 500 g Weizenmehl
- ✘ 1 Prise Salz
- ✘ 1 Päckchen Trockenhefe
- ✘ 250 ml lauwarme Milch
- ✘ 60 g Zucker
- ✘ 50 g Butter
- ✘ 1 Ei

Zum Verzieren:

- ✘ Kondensmilch
- ✘ Rosinen
- ✘ geschälte Mandeln
- ✘ rohe Spaghetti

Den Backofen auf 200 °C vorheizen.

5. Aus jeder Portion einen Katzenkopf formen. Die Ohren mit einem Küchenmesser der Länge nach einschneiden.

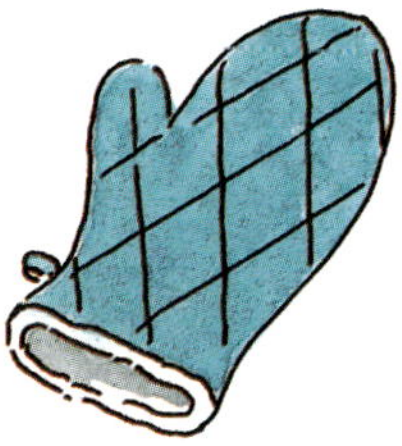

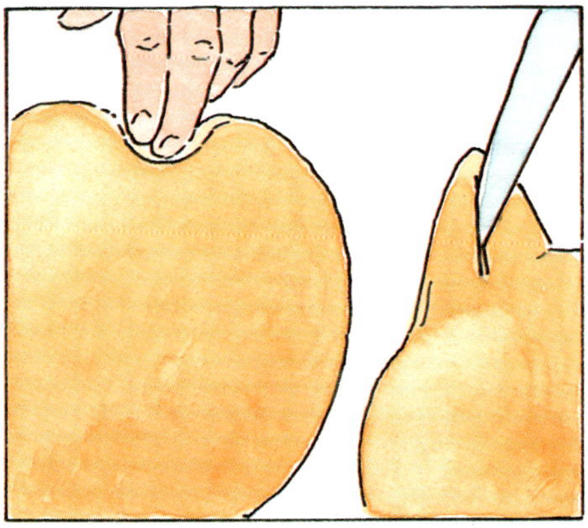

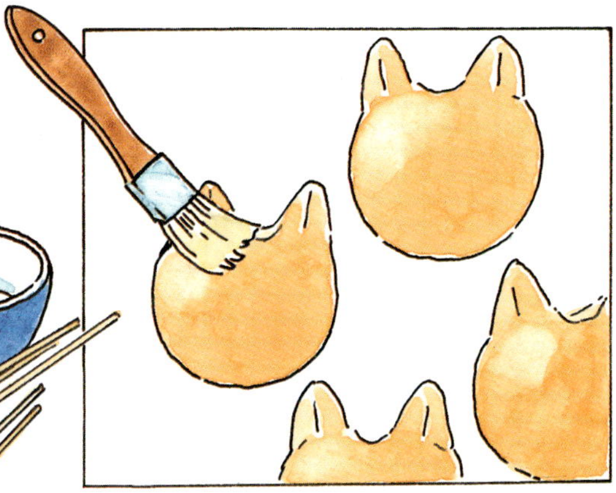

6. Die Katzenbrötchen mit Kondensmilch bepinseln.

7. Für die Augen nimmt man Rosinen, für das Mäulchen eine Mandel und für die Barthaare Spaghetti.

8. Auf der mittleren Schiene 15 – 20 Minuten backen.

Blumentopfbrote

1. Mehl, Salz, Zucker und Trockenhefe vermischen. Milch und Eigelb dazugeben. Alles gut verkneten.

2. Den Teig mit einem Küchentuch zudecken und 1 Stunde an einem warmen Ort ruhen lassen.

3. Anschließend die Butter, das Eigelb, das Mehl und die Marmelade unter den Teig kneten.

4. Den Backofen auf 200 °C vorheizen.

5. Die Blumentöpfe innen mit Öl einpinseln und mit Paniermehl ausstreuen.

6. Den Teig in 4 gleich große Stücke teilen und in die Blumentöpfe geben. Mit dem Eigelb bestreichen. Noch einmal 10 Minuten gehen lassen.

7. Auf der unteren Schiene ca. 30 Minuten backen.

Zutaten für den Hefeteig:

- ✗ 125 g Mehl
- ✗ 1/2 TL Salz
- ✗ 4 TL Zucker
- ✗ 125 ml warme Milch
- ✗ 1 Eigelb
- ✗ 1/2 Päckchen Trockenhefe

- ✗ 30 g Butter
- ✗ 1 Eigelb
- ✗ 3 EL Mehl
- ✗ 2 EL Marmelade

Zum Bestreichen:

- ✗ 1 Eigelb

Zum Backen:

- ✗ 4 kleine, neue Blumentöpfe, mit 6 cm ø
- ✗ Öl zum Einstreichen der Blumentöpfe
- ✗ Paniermehl

Achtung:
1 Stunde Wartezeit!

Pizza Piccoli

Zutaten für den Quark-Öl-Teig:

- 65 g Speisestärke
- 65 g Mehl
- 1 1/2 gestrichene TL Backpulver
- 4 EL Öl
- 125 g Speisequark
- 1 Prise Salz

Pizza-Belag:

- 1 Dose Pizzatomaten
- 1 gelbe Paprika
- 1 kleine Zucchini
- 100 g gekochter Schinken
- 100 g geriebener Käse
- Basilikum und Oregano

Den Backofen auf 225 °C vorheizen.

1. Alle Teigzutaten in eine Schüssel geben und gut verkneten. Aus dem Teig eine Rolle formen und in 8 gleiche Teile teilen.

2. Jedes Teil zu einer Kugel formen und mit der Hand flach drücken. Auf ein mit Backpapier ausgelegtes Backblech legen.

3. Die Tomaten in einem Sieb abtropfen lassen.

4. Das Gemüse waschen, putzen und klein schneiden. Nach Belieben mit Basilikum und Oregano würzen.

5. Die Pizza mit Tomaten und Gemüse belegen, Schinken dazugeben und über alles den Käse streuen. Auf der mittleren Schiene 20 – 25 Minuten backen.

Tipp:
Diese Pizza kannst du auch gut zusammen mit Gästen backen. Jeder Pizzabäcker kann sich dann ganz nach Geschmack seine Pizza mit Gemüse, Schinken und Käse belegen.

Käse-Erdnuss-Taler

1. Butter, Erdnussbutter und das Ei in einer Schüssel schaumig rühren.

2. Senf und Salz dazugeben. Nach und nach das Mehl unterrühren.

3. Den Käse mit den Händen unterkneten und aus dem Teig zwei Rollen mit ca. 5 cm ø formen.

4. In Klarsichtfolie wickeln und 1 Stunde in den Kühlschrank legen.

5. Den Backofen auf 190 °C vorheizen.

6. Die Rollen in 1/2 cm dicke Scheiben schneiden und auf ein mit Backpapier ausgelegtes Backblech legen.

Zutaten für den Mürbeteig:

- ✘ 100 g weiche Butter
- ✘ 3 gehäufte EL Erdnussbutter
- ✘ 1 Ei
- ✘ 1 TL Senf
- ✘ 1 Prise Salz
- ✘ 250 g Mehl
- ✘ 100 g geriebener mittelalter Gouda

- ✘ Mehl zum Ausrollen

Zum Bestreichen:

- ✘ 1 Ei
- ✘ Mohn, Sesam
- ✘ geriebener Käse
- ✘ fein gehackte Erdnüsse

Achtung:
1 Stunde Wartezeit!

7. Das Ei verquirlen.

Tipp:
Die Käse-Erdnuss-Taler sind ein tolles Knabbergebäck für jede Party!

8. Die Taler damit bestreichen. Danach mit Mohn, Sesam, Käse oder gemahlenen Erdnüssen bestreuen.

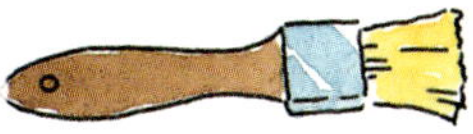

9. Auf der mittleren Schiene ca. 15 Minuten backen.

Bunte Weihnachtsplätzchen

1. Das Mehl mit dem Backpulver vermischen und in eine Schüssel sieben. Mit dem Zucker und den Mandeln vermischen. In die Mitte eine Vertiefung drücken.

2. Die Butter in kleine Flöckchen schneiden und rund um die Mulde verteilen. Das Ei in die Mulde hineingeben.

3. Alle Zutaten zu einem glatten Teig verarbeiten.

4. Eine Kugel formen. In Klarsichtfolie wickeln und 1 Stunde in den Kühlschrank legen.

Zutaten für den Mürbeteig:

(ca. 40 Stück)

- ✘ 125 g Mehl
- ✘ 2 TL Backpulver
- ✘ 50 g kalte Butter
- ✘ 50 g Zucker
- ✘ 1 Ei
- ✘ 50 g gemahlene Mandeln

Zum Verzieren:

- ✘ 1 Eiweiß
- ✘ 150 g Puderzucker
- ✘ Lebensmittelfarben
- ✘ Zuckerstreusel
- ✘ Schokoladenstreusel
- ✘ gehackte Pistazien
- ✘ abgezogene, gehackte Mandeln

Achtung:
1 Stunde Wartezeit!

5. Den Backofen auf 200 °C vorheizen.

6. Die Arbeitsfläche mit Mehl bestäuben und den Teig darauf ausrollen.

Tipp:
Wie man Zuckerguss macht, steht auf S. 10.

7. Mit Ausstechförmchen Plätzchen ausstechen.

8. Auf ein mit Backpapier ausgelegtes Backblech legen und auf der mittleren Schiene ca. 15 Minuten backen.

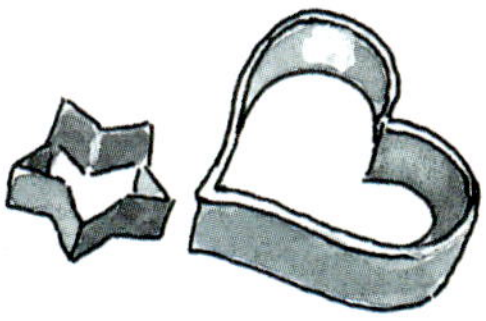

9. Auf einem Kuchengitter abkühlen lassen.

10. Die Kekse mit dem Zuckerguss und mit Streusel verzieren.

Pinguine im Eismeer

1. Die Butter in der Backschüssel schaumig rühren. Den Zucker nach und nach einrühren. Die Zitrone heiß abwaschen, abtrocknen und die Schale abreiben.

2. Die Zitronenschale, den Vanillezucker, das Salz und die Eier nacheinander dazugeben.

3. Die Milch dazugeben und die Masse schaumig rühren.

4. Das Mehl mit dem Backpulver mischen. Portionsweise zur Schaummasse geben.

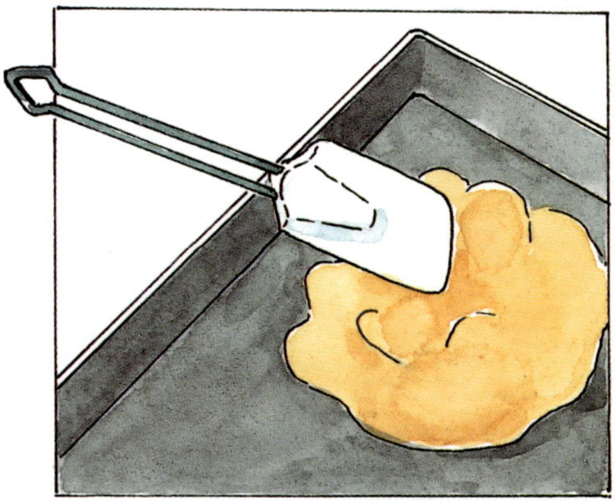

5. Das Backblech mit der Margarine einfetten. Den Teig darauf geben und glatt streichen.

Zutaten für den Rührteig:

- 250 g Butter
- 200 g Zucker
- abgeriebene Schale von 1 Zitrone
- 1 Päckchen Vanillezucker
- 1 Prise Salz
- 4 Eier
- 125 ml Milch
- 500 g Mehl
- 1 Päckchen Backpulver

- Margarine für das Backblech

Für die Glasur:

- 250 g Puderzucker
- 4 EL Zitronensaft
- 1 EL heißes Wasser

Für die Pinguine

- 200 g Marzipanrohmasse
- 3 EL Kakaopulver

Den Backofen auf 200 °C vorheizen.

6. Auf der mittleren Schiene 25 Minuten backen.

7. Den Kuchen nach dem Backen sofort in Dreiecke schneiden.

Tipp:
Da zum Schluss alles sehr schnell gehen muss, solltest du die Pinguine während der Backzeit ausstechen.

8. Für den Guss den Puderzucker sieben. Mit dem Zitronensaft und dem Wasser glatt rühren und die noch warmen Dreiecke mit der Glasur überziehen.

9. Das Kakaopulver in die Marzipanrohmasse kneten. Ausrollen und mit einer Form oder Schablone die Pinguine ausstechen. Bevor der Guss trocken ist, auf jeden Eisberg einen Pinguin setzen.

Wichtelwald

Für die Schablone Pauspapier der Länge nach falten. Den Knick genau an die Mittellinie der Vorlage legen. Abzeichnen, ausschneiden und auseinander falten.

Zutaten für den Wald (Rührteig):

- 150 g Butter oder Margarine
- 150 g Zucker
- 4 Eier
- 1 TL Kakaopulver
- 300 g Mehl
- 2 gestrichene TL Backpulver
- 4 EL Milch
- 370 g Kirschen aus dem Glas
- Schokoladenglasur
- Puderzucker

Den Backofen auf 200 °C vorheizen.

1. Die Butter oder Margarine, Zucker und die Eier verrühren.

2. Kakaopulver, Mehl und Backpulver mischen und unter den Teig rühren.

Tipp:
Aus Kuchenresten kleine Dreiecke für kleine Bäume schneiden.

3. Die Milch dazugeben und verrühren. Die Kirschen gut abtropfen lassen und unterheben.

4. Den Teig auf ein mit Backpapier ausgelegtes Backblech streichen und auf der mittleren Schiene 15 Minuten backen.

5. Schablone auf den abgekühlten Kuchen legen und die Tannenbäume ausschneiden. Mit Schokoladenguss bestreichen und bei trockenem Guss mit Puderzucker berieseln.

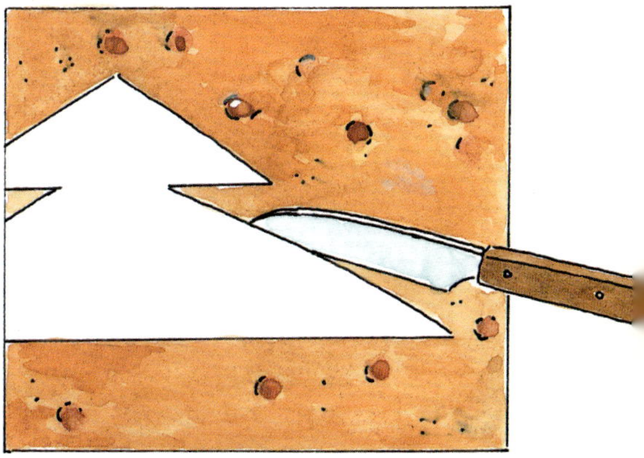

Wichtel

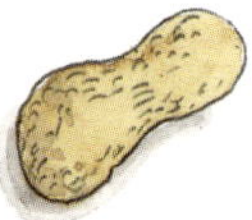

1. Mehl, Hefe, Zucker und Zitronenschale gut mischen.

2. Die Milch erwärmen und die Butter darin schmelzen.

3. Creme fraiche, Milch und Butter zu den trockenen Zutaten geben. Alles gut zu einem glatten Teig verkneten.

4. Zugedeckt an einem warmen Ort 30 Minuten gehen lassen. Den Backofen auf 200 °C vorheizen.

Zutaten für die Wichtel (Hefeteig):

- 200 g Weizenmehl
- 1 Päckchen Trockenhefe
- 3 EL brauner Zucker
- Schale einer abgeriebenen Zitron
- 3 EL Creme fraiche
- 50 ml lauwarme Milch
- 40 g Butter
- Kondensmilch

Zum Verzieren:

- Nüsse, Rosinen, bunt Streusel

Tipp:
Da die Wichtel aus Hefeteig sind, sollten sie bald gegessen werden.

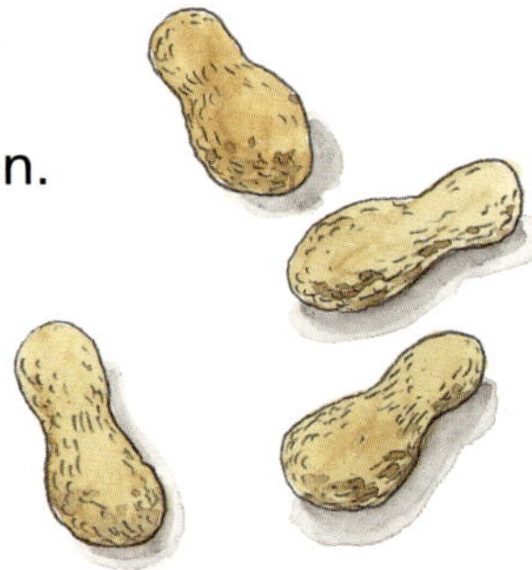

5. Aus dem Teig kleine Wichtel formen und auf ein mit Backpapier ausgelegtes Backblech legen.

6. Mit der Kondensmilch bestreichen, anschließend mit Nüssen, Rosinen und Streusel verzieren.

7. Auf der mittleren Schiene 20 Minuten backen.

Rentiere

Zutaten für den Honigkuchenteig:

- 250 g Honig
- 100 g Zucker
- 1 Prise Salz
- 100 g Butter oder Margarine
- 2 EL Wasser
- 500 g Mehl
- 2 EL Kakao
- 2 TL Lebkuchengewürz
- 2 TL Hirschhornsalz
- Kondensmilch zum Bestreichen
- Rosinen für die Augen

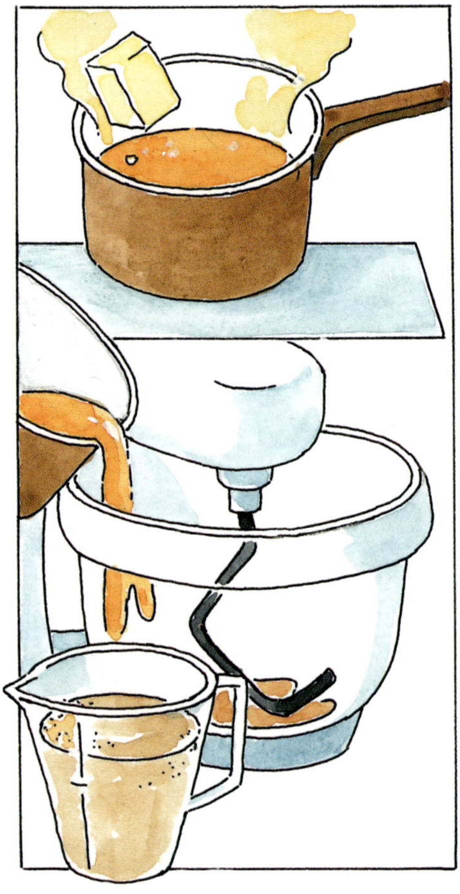

1. Honig, Zucker, Salz, Butter oder Margarine und Wasser in einem Topf aufkochen. Dabei umrühren, damit es nicht anbrennt.

2. Die Masse in eine Schüssel geben und abkühlen lassen.

3. 350 g Mehl, Kakao und Lebkuchengewürz dazugeben und gut verkneten.

4. Den Teig in Klarsichtfolie wickeln und einen Tag im Kühlschrank ruhen lassen.

Achtung:
1 Tag Wartezeit!

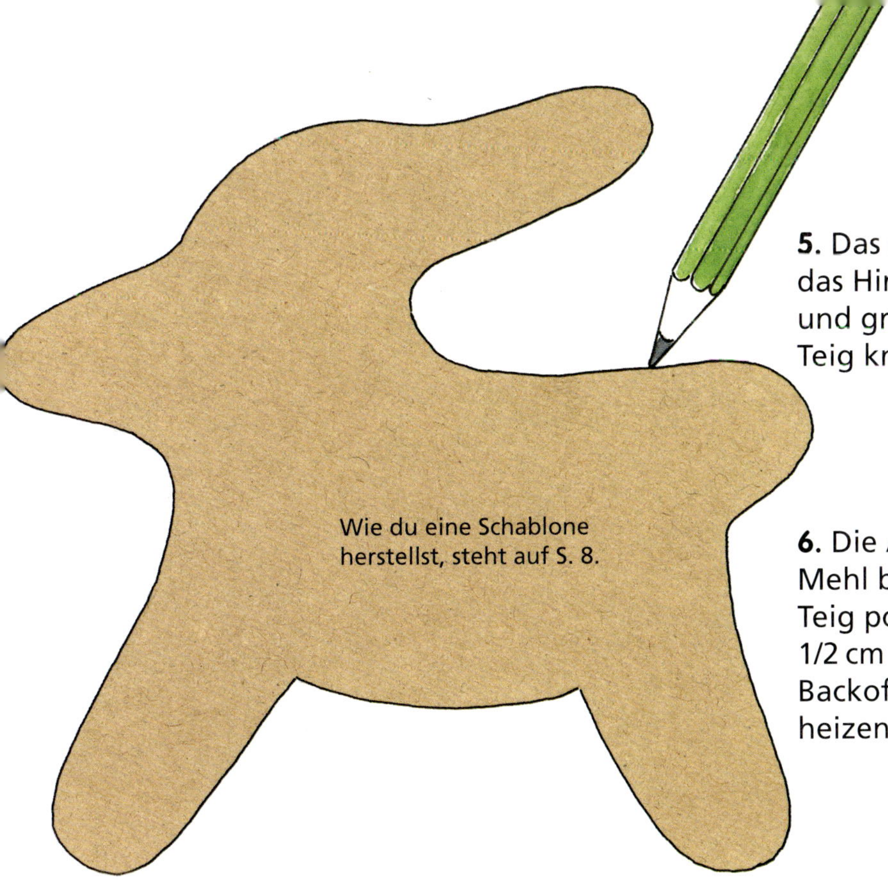

Wie du eine Schablone herstellst, steht auf S. 8.

5. Das restliche Mehl und das Hirschhornsalz mischen und gründlich unter den Teig kneten.

6. Die Arbeitsfläche mit Mehl bestäuben und den Teig portionsweise ca. 1/2 cm dick ausrollen. Den Backofen auf 180 °C vorheizen.

Tipp:
Aus Teigresten kannst du Plätzchen ausstechen.

7. Den Teig mit dem Teigroller aufnehmen und auf ein mit Backpapier ausgelegtes Backblech legen.

8. Schablone darauf legen und das Rentier mit dem Messer ausschneiden.

9. Die Kondensmilch mit einem Backpinsel auf die Rentiere streichen. Für das Auge eine Rosine in den Teig drücken.

10. Auf der mittleren Schiene 15 – 20 Minuten backen. Auf dem Blech abkühlen lassen.

Lämmchen

1. Mehl und Trockenhefe in einer großen Schüssel mischen.

2. Zusammen mit den restlichen Zutaten so lange verkneten, bis ein glatter Teig entsteht.

3. Zugedeckt etwa 1 Stunde an einem warmen Ort stehen lassen, bis der Teig sich verdoppelt hat. Ofen auf 200 °C vorheizen.

4. Teig aus der Schüssel nehmen und auf der Arbeitsfläche kurz durchkneten.

Zutaten für den Hefeteig:

- ✘ 375 g Weizenmehl
- ✘ 1 Päckchen Trockenhefe
- ✘ 50 g Zucker
- ✘ 1 Päckchen Vanillezucker
- ✘ 1 Prise Salz
- ✘ 1 Ei
- ✘ 200 ml lauwarme Milch
- ✘ 50 g zerlassene, abgekühlte Butter

Zum Ausschneiden:

- ✘ Lammschablone

Zum Verzieren:

- ✘ Cashewnüsse
- ✘ Rosinen

Tipp:
Wenn der Teig zu klebrig ist, noch etwas Mehl dazugeben.

5. In vier gleich große Stücke teilen und 1/2 cm dick ausrollen. Die Lammschablone auflegen und danach den Teig ausschneiden. Die Lämmchen auf ein eingefettetes Backblech legen.

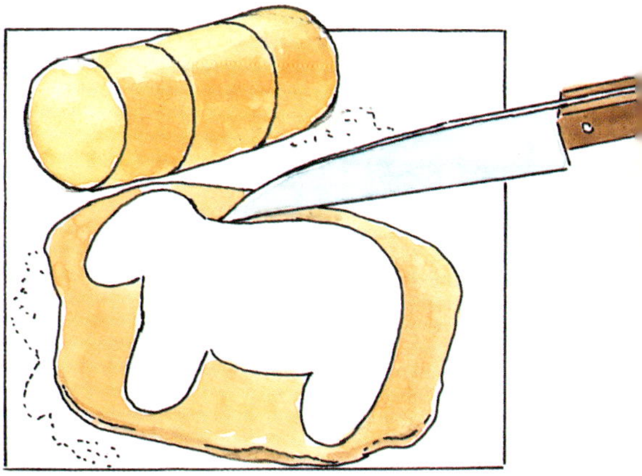

6. Mit Cashewnüssen, Rosinen und Teigresten verzieren.

Achtung:
1 Stunde Wartezeit!

7. Auf der zweiten Schiene von unten 25 Minuten backen.

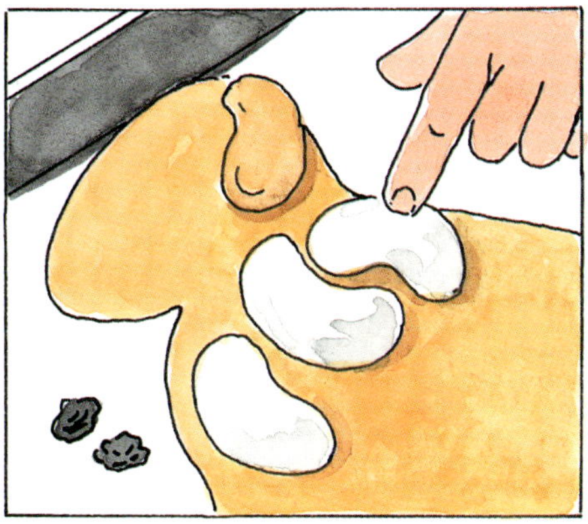

Glücksschweine

Zutaten für den Hefeteig:

- 600 g Mehl
- 1 Würfel Hefe
- 1 TL Zucker
- 250 ml lauwarme Milch
- 2 TL Salz
- 100 g Erdnussbutter
- Rosinen

- Mehl zum Ausrollen

Zum Ausstechen:

- 1 Glas mit ca. 8 cm ø
- 1 Glas mit ca. 4 cm ø

Achtung:
Insgesamt 1 Stunde Wartezeit!

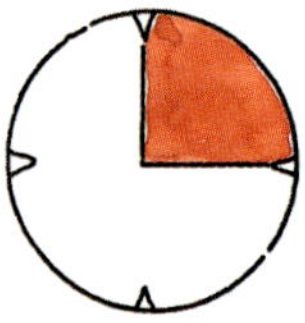

1. Das Mehl in eine Schüssel geben und in die Mitte eine kleine Mulde drücken.

2. Die Hefe in die Mulde bröckeln.

3. Den Zucker mit 6 Esslöffeln Milch mischen, zu der Hefe geben und mit etwas Mehl zu einem Vorteig verrühren. Abgedeckt an einem warmen Ort 15 Minuten gehen lassen.

Tipp:
Glücksschweine eignen sich toll als Mitbringsel für eine Party!

4. Die Erdnussbutter, das Salz und die restliche Milch zum Teig geben. Alles gut verkneten und abgedeckt 30 Minuten gehen lassen.

5. Den Teig auf einer bemehlten Fläche ausrollen. 10 große Kreise für die Köpfe und 10 kleine für die Schnauzen ausstechen.

6. Pro Glücksschwein einen kleinen Kreis auf einen großen setzen und 2 Nasenlöcher hineinstechen. Für die Augen 2 Rosinen in den Teig drücken. Aus dem Teig die Ohren formen und ansetzen.

7. Den Backofen auf 200 °C vorheizen.

8. Die Glücksschweine auf ein mit Backpapier ausgelegtes Backblech legen und noch einmal 10 Minuten gehen lassen.

9. Auf der zweiten Schiene von unten 10 – 15 Minuten backen.

Register

Für festliche Anlässe

Zum Verschenken

Fürs Sonntagsfrühstück

Für die Kinderparty